D1391884

Land, wind en water

Land, wind en water

Een kijk- en doegids voor sloten, plassen en rivieren

door Chris van Deursen
en Annie Meussen

CYCLONE

ISBN 90 5878 011 2

Nugi 210
© Van deze uitgave: Cyclone boekproducties Thorn-Enkhuizen, 2001
© Tekst: Chris van Deursen, 2001
© Illustraties: Annie Meussen, 2001

Niets uit deze uitgave mag worden verveelvoudigd en/of openbaar gemaakt door middel van druk, fotokopie, microfilm of op welke andere wijze ook, zonder voorafgaande schriftelijke toestemming van de uitgever.

Inhoud

Om te beginnen, 7
Mensenhanden veranderen
het landschap, 8
Bloeiend fruitland, 10
Planten in een gebied van uitersten, 11
Medicijnen en kruiden uit waterland, 14
Visserslatijn, 15
Vissen kijken, 17
Echte visspecialisten, 20
Kikkerland, 22
Libellen, 24
Zuigers en bijters, 25
Vlinders langs de waterkant, 28
Letten op de kleintjes, 29
Wintervogels vanaf de dijk, 31
Zomervogels, 35
Eendenkooien, 36
Gravers, knagers en profiteurs, 38
Waterlandschap door turfwinning, 39
Verschil tussen hoog- en laagveen, 40
Dijken en polders, 42
Molens in soorten en maten, 42
Riet om te bouwen, bies om op te zitten,
griendhout voor dijken, 46
Groentesoep, 49
Kringloop, een keten zonder begin
of eind, 50
Waterschappen, Nederlands oudste samen-
werkingsvorm, 51
Drinkwater, 53

Vrachtvervoer over water, 53
Water oversteken, 55
Ook dieren willen reizen, 58
Landschap in de kijker, 59
Schaatsen, 61
Kanoën, landschap vanaf Amsterdams
peil, 61
Als het weer wat minder is, 63

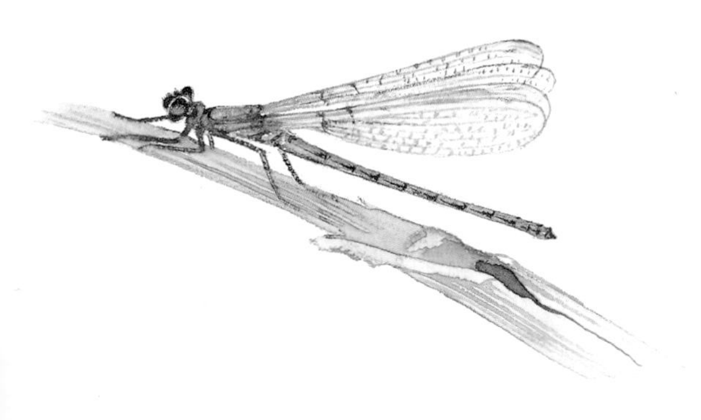

Om te beginnen

Het water waarmee je vanochtend je tanden poetste is al verschillende keren gebruikt, mogelijk zelfs door andere mensen. Want water verdwijnt niet. Water is deel van een kringloop en kan op ontzettend veel verschillende manieren steeds opnieuw worden gebruikt, zonder dat het ooit opraakt. Maar als we het vervuilen kan het soms heel lang duren voor het weer bruikbaar is
Er is heel veel zout water. En maar een heel klein beetje zoet water, slechts drie procent. Een deel daarvan ligt bovendien stijf bevroren op de poolkappen; een ander deel is constant in beweging. Het stroomt, bevriest, smelt, stijgt op en vormt wolken, om later weer naar de aarde te dalen als regen of sneeuw.
Nederland is een waterland. Dat komt door de ligging - op geringe hoogte, vlak aan zee. Grote rivieren voeren flinke hoeveelheden zoet dooiwater uit de bergen aan. Bovendien hebben we een klimaat met veel regen. Soms zijn we helemaal niet blij met al dat water. Maar het is natuurlijk beter dan helemaal geen water hebben, want we hebben het nodig om te leven. We kunnen echt niet zonder water.

Mensenhanden veranderen het landschap
Vraag iemand een watersportgebied te noemen. Tien tegen een dat hij Friesland, Zuid-Holland, Noord-Holland of Utrecht zegt. Veel plassen daar zijn in een ver verleden ontstaan door mensenhanden, door turfwinning bijvoorbeeld.
Maar wist je dat ook Limburg tot de top van de Nederlandse watersportgebieden behoort? Dat heeft deze provincie te danken aan de Maas en de uitgestrekte Maasplassen. Bij Roermond en verder naar het zuiden is het landschap door grootschalige grind- en zandwinning ingrijpend veranderd. Vernield eigenlijk, hoewel sommige gebieden door natuurherstel heel mooi zijn geworden.
Langs de grote rivieren is aan geweldige tichelgaten te zien dat er ooit klei werd uitgegraven voor steen- en dakpanbakkerijen. De gaten vulden zich met water en zijn na verloop van tijd veranderd in natuurgebieden. Ook veel

Steenbakkerij

uiterwaarden langs rivieren krijgen een nieuwe kans als natuurgebied. De Gelderse Poort, onder de rook van Arnhem en Nijmegen, is hier een prachtig voorbeeld van.
Op tal van andere plekken krijgt het landschap de vrijheid om terug te gaan naar de natuurlijke staat waarin het verkeerde voordat mensen het gingen beïnvloeden; daar ontstaan weer vloed- of ooibossen en stroomruggen.
Om problemen in de waterhuishouding door klimaatsverandering in de toekomst te vermijden zal Nederland op bepaalde plaatsen weer ruimte moeten maken voor het water, vaak op plaatsen waar eeuwenlang tegen het water werd gevochten.

Bloeiend fruitland
De rijke kleigrond langs en tussen de rivieren werd ooit door het water naar ons land gebracht. Het is geschikte bodem voor fruitteelt. Vroeger stonden er vooral hoogstambomen. Maar die zijn grotendeels vervangen door laagstammen, omdat ze veel gemakkelijker zijn in het onderhoud. Plukken gaat ook eenvoudiger en de nieuwe rassen leveren een grotere oogst op. Gelukkig zijn de hoogstammen niet allemaal verdwenen. Vooral in het voorjaar is een wandeling over de dijken langs al die bloeiende fruitbomen werkelijk prachtig.

Planten in een gebied van uitersten

Rivieren- en plassengebied is land van uitersten. Met sneeuw en ijs kan het aanvoelen als de Noordpool. De herfst is er herfstiger dan elders, wanneer de wind over dit vlakke gebied jaagt en er dreigende wolkenluchten boven het water hangen. Ook voorjaar en zomer beleef je in het plassengebied intenser. En de drukte op de rivieren valt des te meer op door de rust van het omliggende land.
Dijken zijn vaak rijk aan bloemen, vooral als ze nog niet opgehoogd (verzwaard) zijn. Verschillende Nederlandse planten komen vrijwel alleen voor op dijken of aan de waterlijn daarvan, soms zelfs tot op de basalten glooiingen toe. Bepaalde soorten hebben we direct aan de loop van het water te danken: zij zijn als zaden 'meegelift' op de rivieren.
Dijken vormen een wereld vol contrasten. In de zomer zijn ze droog en warm aan de kruin, maar staan ze met hun voeten in het koude water. Ze raken uitgedroogd door snijdende winden of verdrinken 's winters door stijgend water. De planten die daar groeien, moeten tegen een stootje kunnen! Die wisselende omstandigheden zorgen voor de nodige variatie in plantengroei.
De bloemenrijkdom is ook zo groot doordat er in de meeste rivieren- en plassengebieden tamelijk weinig mensen wonen. Ook zijn deze gebieden vaak moeilijk toegankelijk.
Een deel van de afgesneden oude rivierbochten groeit langzaam maar zeker dicht met

Gele lis

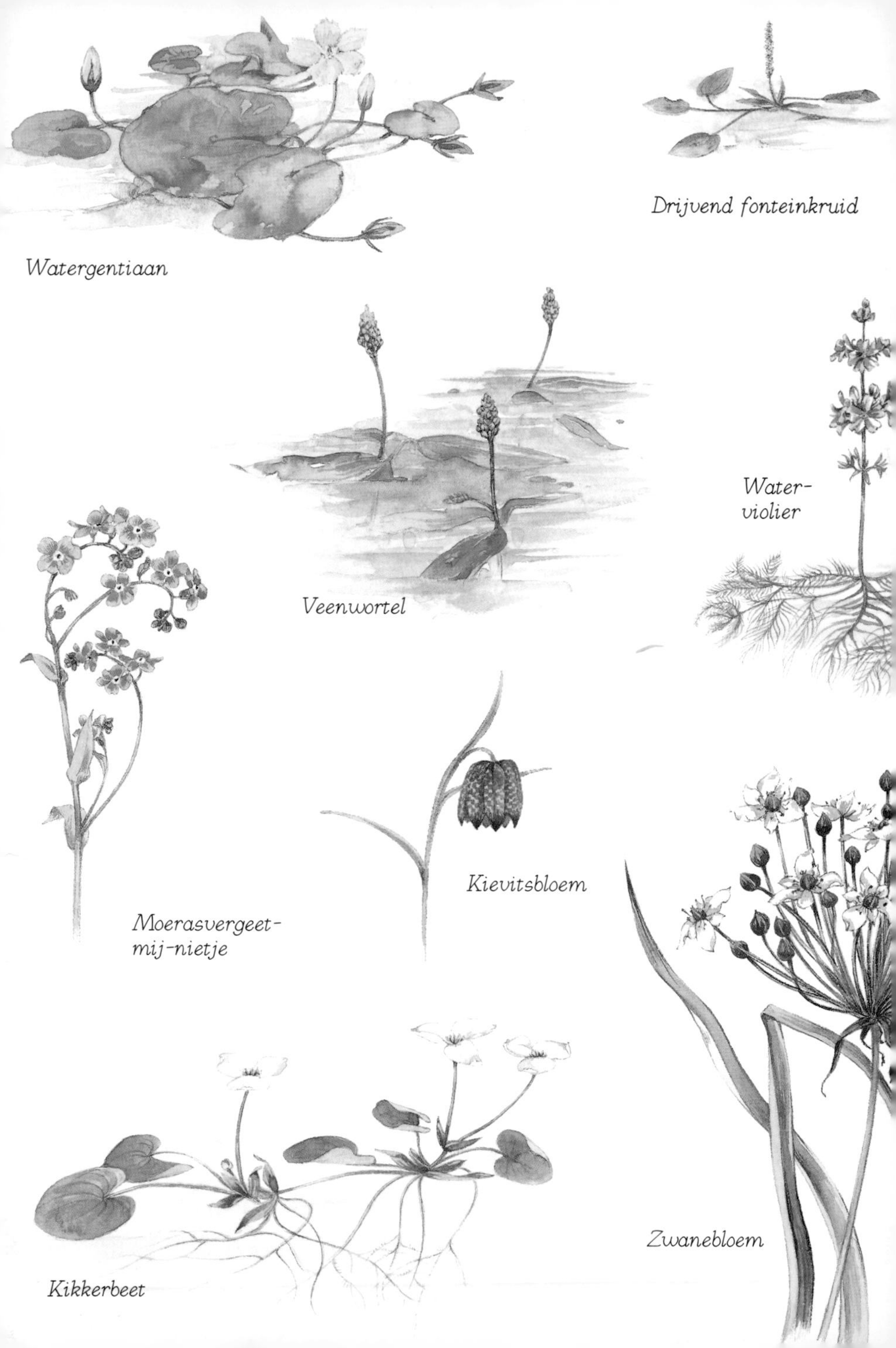
Watergentiaan
Drijvend fonteinkruid
Veenwortel
Water-
violier
Moerasvergeet-
mij-nietje
Kievitsbloem
Zwanebloem
Kikkerbeet

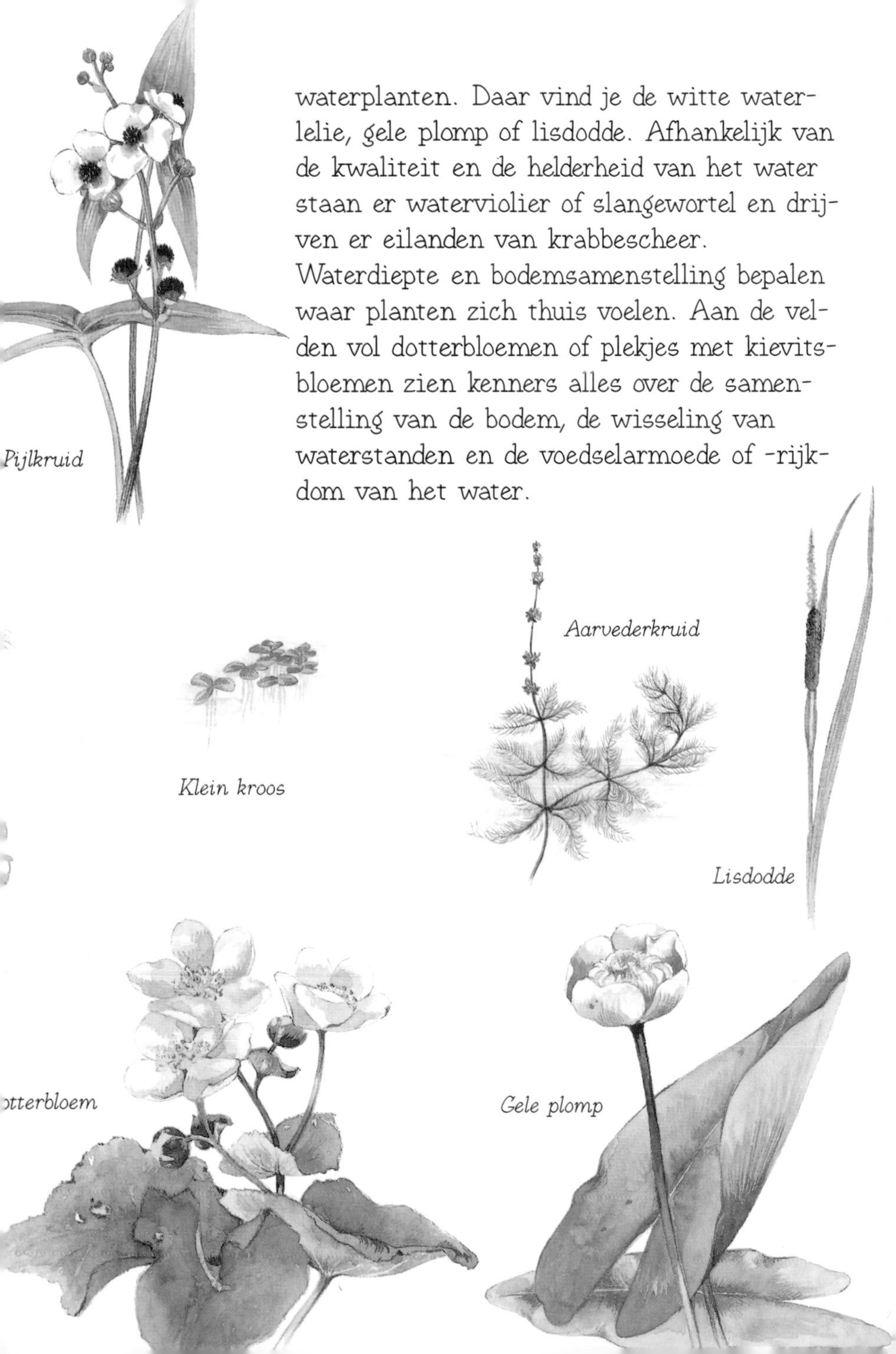

waterplanten. Daar vind je de witte waterlelie, gele plomp of lisdodde. Afhankelijk van de kwaliteit en de helderheid van het water staan er waterviolier of slangewortel en drijven er eilanden van krabbescheer.
Waterdiepte en bodemsamenstelling bepalen waar planten zich thuis voelen. Aan de velden vol dotterbloemen of plekjes met kievitsbloemen zien kenners alles over de samenstelling van de bodem, de wisseling van waterstanden en de voedselarmoede of -rijkdom van het water.

Medicijnen en kruiden uit waterland

Toen mensen in waterland grotendeels op zichzelf waren aangewezen gebruikten ze hun omgeving vaak als apotheek. Hoofdpijn? Neem een stukje wilgenbast en kauw daarop. De bast bevat een stof die ook in aspirine zit. Kalmoes gold heel lang als een probaat middel om een bedorven maag tot rust te brengen. Vandaag de dag wordt de wortelstok nog gebruikt in likeuren en kruidenbitter. Stukjes wortelstok van de gele lis, in water getrokken, bieden uitkomst bij tand- en kiespijn. Waterzuring werd gebruikt bij vitamine C-tekort, vooral bij scheurbuik. Wilde cichorei is de stamvader van het bekende witlof; in moeilijke tijden werd het ook gebruikt voor het maken van surrogaatkoffie. Watermunt en marjolein zijn nog steeds populaire keukenkruiden.

Wilde marjolein

Watermunt

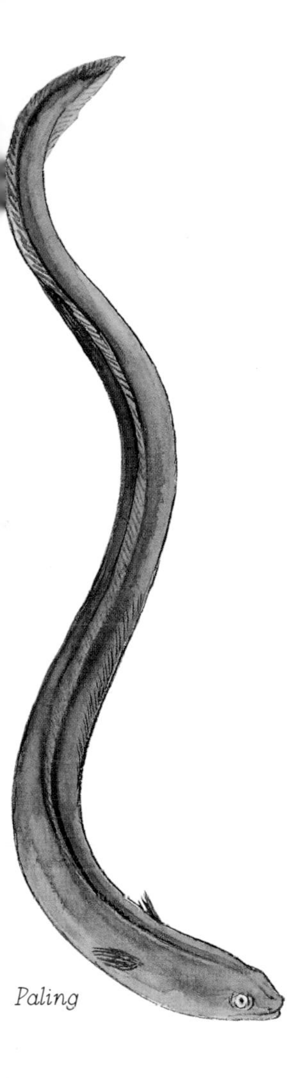
Paling

Visserslatijn

In de Nederlandse zoete wateren leven ongeveer zestig soorten vissen. Voor een deel houden die van helder stromend helder water en een zandbodem. Ook zijn er enkele soorten die het alleen uit kunnen houden in voedselarm, zuur water. Sommige soorten zijn nogal zeldzaam geworden. De oorzaken zijn meestal watervervuiling, overbevissing en een te welige groei van waterplanten. Ook ingrijpende veranderingen in het stromen van beken en rivieren werden veel vissen fataal.
Gelukkig is het aantal vissoorten nog behoorlijk groot. Ook dat is het werk van mensen. Hengelen is in Nederland de meest beoefende sport; door de betaling voor een visakte dragen vissers bij aan het uitzetten van vis. De watervervuiling neemt gelukkig af, waardoor enkele soorten uit de gevarenzone komen. Op kansrijke plaatsen worden verdwenen vissoorten opnieuw uitgezet.

In verschillende meren, plassen en rivieren wordt nog steeds met fuiken gevist. Een fuik is een rond net met hoepels. In het net zitten verschillende trechtervormige openingen die steeds kleiner worden. Is een vis een opening gepasseerd dan kan hij niet terug en zwemt door naar het einde van de fuik.
De stokken waaraan de fuiken bevestigd zijn kan je duidelijk in het water zien staan. Vaar om ze niet te beschadigen altijd ruim om fuiken heen. Met een beetje geluk zijn bij een

beroepsvisser soorten te zien die je vermoedelijk zelf nooit aan de hengel zult krijgen. Binnenvissers gebruiken meestal een vlet met een buitenboordmotor, waarmee ze goed op ondiepe plassen en sloten kunnen komen. De vangst wordt in een bun, een waterbak die in de boot is ingebouwd, levend aan wal gebracht. Collega's op het IJsselmeer vissen met grotere schepen. Vroeger werden daar de zeilende houten botters voor gebruikt. Gelukkig is er daar nog een aantal van bewaard gebleven. Deze varende monumenten worden nu als onderdeel van de 'bruine vloot' voor de pleziervaart gebruikt.

Vissen kijken

Als je naar vissen kijkt zie je ze vrijwel altijd van boven. Om ze echt goed te zien moet je onder water en van opzij kijken. Dat kan met een onderwaterkijker, die je heel eenvoudig zelf kunt maken.

Draai met een blikopener de bodem uit een groot conservenblik. Doe wat schilders-tape om de scherpe randen, neem een velletje stevig doorzichtig plastic en span dat over het blik. Een stevig elastiek erom en de onderwaterkijker is klaar voor gebruik. Steek de kijker in het water. Omdat de druk van het water het plastic een beetje naar binnen drukt, wordt het onderwaterbeeld ook nog wat vergroot.

Baars
Snoek
Karper
Zeelt

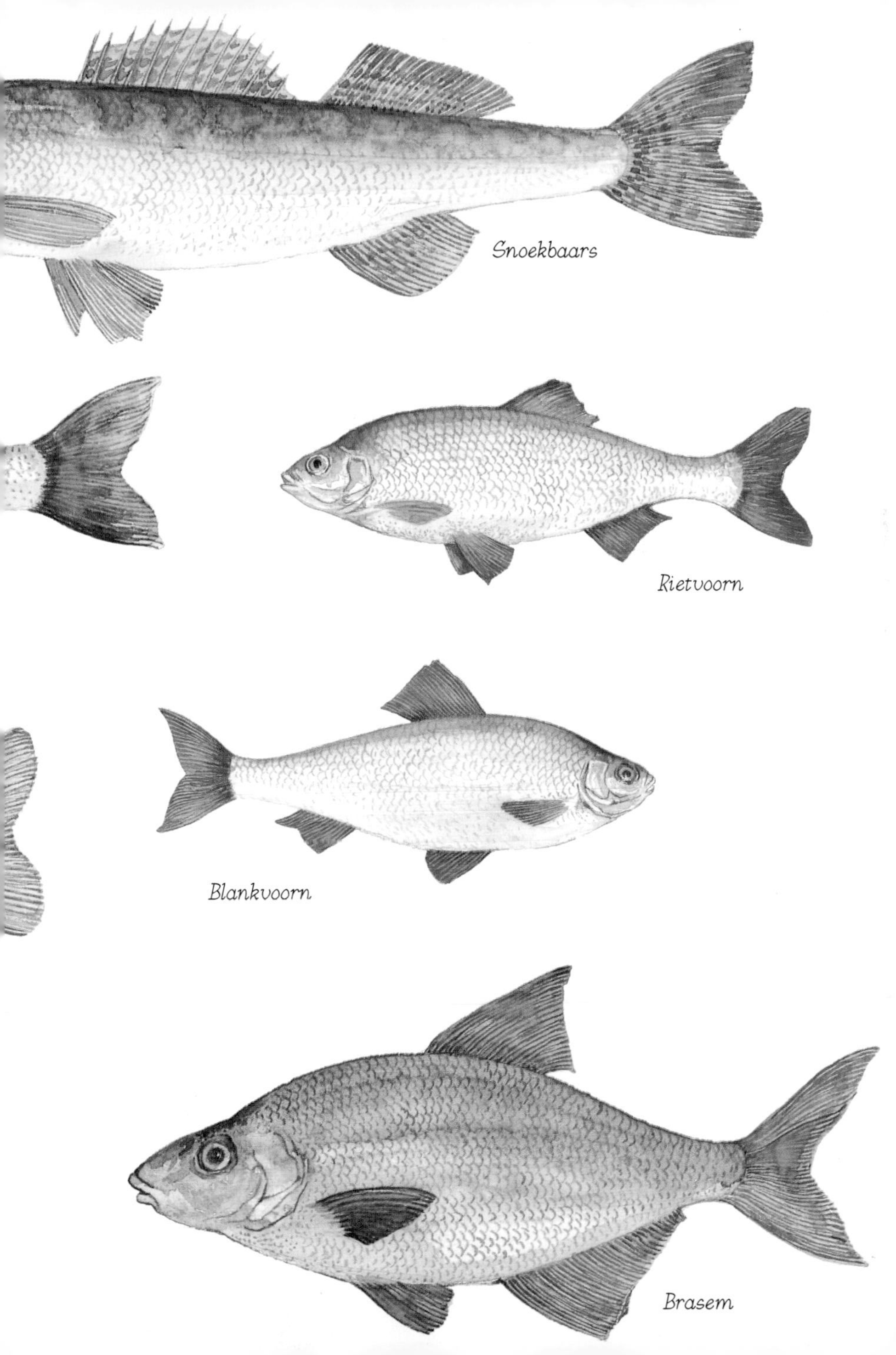
Snoekbaars
Rietvoorn
Blankvoorn
Brasem

Echte visspecialisten

De meeste dieren op en langs het water houden van vis of eten niet anders dan dat. De visarend, zo groot als een buizerd, is een specialist in het vangen van vis in open water. Hij passeert ons land in het voor- en najaar. De blauwe reiger, de zeldzame purperreiger en de ook al schaarse roerdomp leven niet uitsluitend van vis, maar wel in hoofdzaak. De fuut en het mooiste vogeltje van ons land, de ijsvogel, kunnen niet zonder. De vaardigste visser van allemaal is de aalscholver. Prooien van een behoorlijk formaat, zelfs de gladste paling, weet hij feilloos onder water te verschalken. Heel lang werd de aalscholver vervolgd. Het was dan ook een zeldzame, schuwe vogel, maar nu is hij weer regelmatig te zien, soms zelfs midden in de stad.

IJsvogel

Fuut

Aalscholver

Kikkerland

Je hoort wel zeggen dat Nederland een kikkerlandje is. Dat klopt, zeker voor gebieden waar altijd water aanwezig is. Hoewel dat overigens maar opgaat voor iets meer dan een half jaar. In de herfst en 's winters zijn kikkers, net als

padden, salamanders en slangen, allemaal in winterrust. Ze zitten veilig weggekropen in de bodem, onder een laag modder of ergens in een willekeurig gaatje. Groene kikkers laten tussen eind april en juni overduidelijk hun aanwezigheid horen. Ze verdwijnen vlug in de diepte of tussen de begroeiing als je ze verrast. Dan is het een kwestie van even wachten, want ze moeten weer naar boven komen om lucht te happen en te kwaken!
In stilstaande plassen, vijvers en sloten zijn de eisnoeren van padden en het kikkerdril in de eerste voorjaarsmaanden te vinden. Daaruit komen de bekende dikkopjes en kikkervisjes, die in een zomer veranderen in kleine versies van hun ouders.
De bruine kikker, heikikker, gewone en rugstreeppad willen 's avonds laat nog wel eens zorgen voor wat bescheidener geluiden.

Bruine pad

Overdag hoor je ze niet. Knoflook- en vroedmeesterpad zijn zeldzame verschijningen. Dat geldt ook wel een beetje voor de boomkikker, die bomen en struiken bewoont. De levendbarende hagedis en de adder hebben een voorkeur voor veengebied. In en aan het water zijn zowel de kleine watersalamander als de kamsalamander te zien. Je hebt wel wat geduld nodig, helder water, en de zon moet een beetje meehelpen. Er is een Nederlandse slang, de ringslang, die perfect kan zwemmen.
Het vangen en meenemen van alle in dit hoofdstuk genoemde dieren is verboden.

Kleine watersalamander

Kamsalamander

Libellen

Op en langs het water zijn van het late voorjaar tot ver in de herfst deze 'minihelicopters' te zien. De meeste mensen zeggen 'libel', maar het kan ook wel een korenbout, rombout, glazenmaker of waterjuffer zijn. Al deze soorten horen thuis onder de verzamelnaam libel. Ze verschillen in grootte, uiterlijk en kleur. Wat ze gemeen hebben is hun verbazingwekkende vliegkunst. Stilstaan in de lucht, vooren achteruit vliegen, plotseling versnellen, het zijn allemaal kunsten die ze schijnbaar moeiteloos vertonen.
Libellen bestonden 325 miljoen jaar geleden al; toen waren het de grootste insecten op aarde. Sommige soorten hadden hetzelfde forse formaat als kraaien.
Alle libellen hebben twee paar 'glazen' vleugels met heel veel aderen. De vleugels zijn stijf en

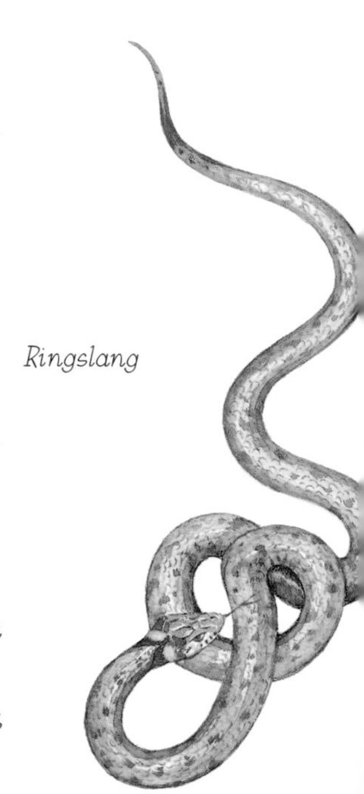

Ringslang

kunnen niet worden opgevouwen. Bij veel soorten hoor je de vleugels ritselen als ze vliegen. De enorme ogen in een grote kop kunnen alle kanten op draaien. Het achterlijf is meestal lang en slank; de lange poten zitten allemaal aan het borststuk vast. Mannetjes en vrouwtjes lijken amper op elkaar en hebben meestal zelfs afwijkende kleuren.
Libellen jagen vaak op hun prooi vanaf een vast punt. Vooral de grotere soorten. De basis kan een rietstengel zijn, een tak of een ander voorwerp. Ook als de libel niets gevangen heeft, komt hij meestal op zijn vaste stek terug.
Als je dat weet kun je proberen om een libel beter te bekijken, of zelfs te fotograferen. Maak geen overhaaste bewegingen, want een libel ontgaat niets en hij kan razendsnel verdwijnen.

Zuigers en bijters

Jammer dat er op en bij het water zoveel insecten zijn die het op ons voorzien hebben. Vliegen zijn hinderlijk maar bijten niet; muggen des te meer. Ze kiezen warmbloedige zoogdieren uit, dus ook mensen. Hele wolken staan er langs de oevers van meren. Vogels weten dat ook en komen er hun maaltje halen. Een van de geniepigste bijters is de knut of knijt, een moerasmugje van nog geen vijf millimeter groot dat heel vinnig kan steken. Een goede muggenstift helpt wel wat. Toch weten muggen helaas wel altijd net het ene plekje te vinden dat niet is ingesmeerd.

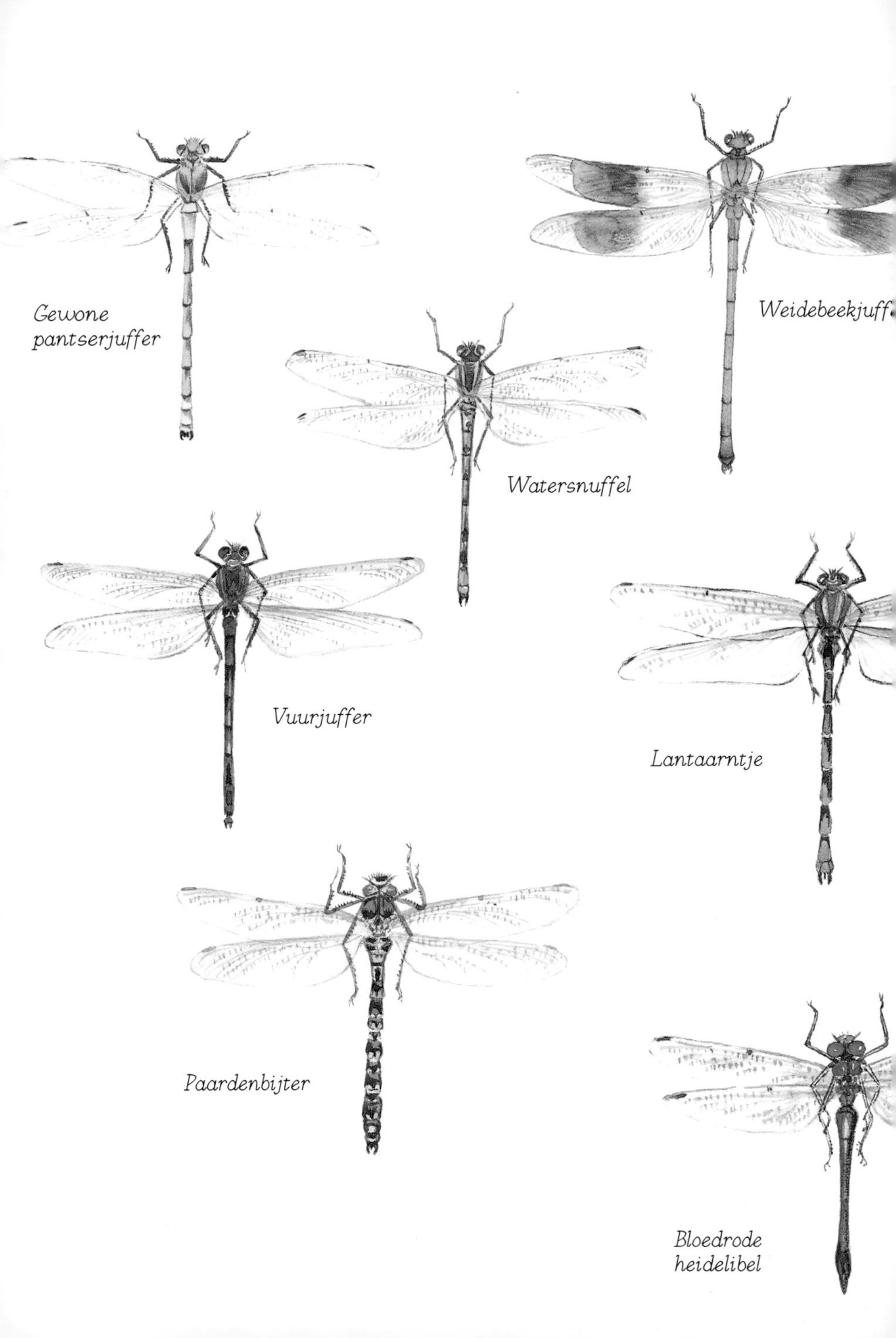
Gewone
pantserjuffer
Weidebeekjuff
Watersnuffel
Vuurjuffer
Lantaarntje
Paardenbijter
Bloedrode
heidelibel

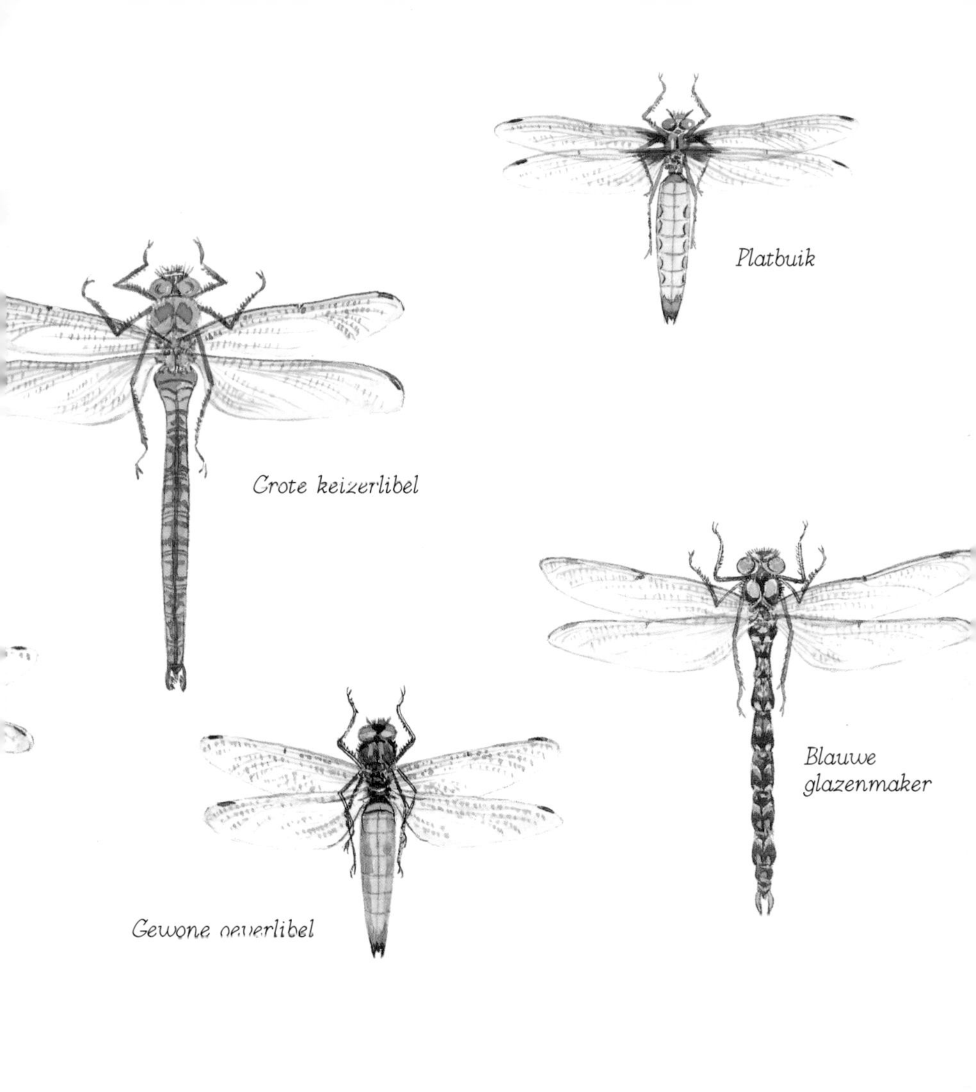
Platbuik
Grote keizerlibel
Blauwe glazenmaker
Gewone oeverlibel

Viervlek

Vlinders langs de waterkant

De meeste vlinders hebben een hekel aan open vlakten: het waait er te hard en ze kunnen er geen eten vinden. Maar rivier- en meeroevers zijn dikwijls rijk aan bloemen; daar kun je dus vlinders zien. Het zijn dezelfde soorten die je ook op andere plaatsen aantreft. Kattestaart en koninginnekruid zitten vaak vol vlinders. Daar fladderen koolwitjes, citroenvlinders, icarusblauwtjes, kleine vossen, atalanta's, dagpauwogen en landkaartjes.

Er is eigenlijk maar één echte 'natte' dagvlinder in ons land: de grote vuurvlinder, een zeldzame vlinder die maar in enkele moerasgebieden van noordelijk Nederland te vinden is.

Dagpauwoog

Icarusblauwtje

Landkaartje

Grote vuurvlinder

Atalanta

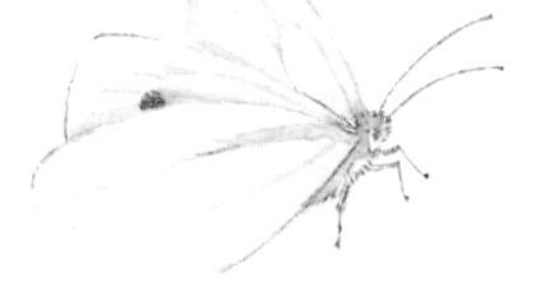

Koolwitje

Kleine vos

Citroenvlinder

Letten op de kleintjes

Weet je een rustig hoekje bij een meer of plas? Een plek met stilstaand schoon water, achter een dijk of in het veen? Probeer maar eens te tellen hoeveel verschillende kleine beesten erin leven. Om ze te vangen is een schepnet erg handig en om de kleinere diertjes te bekijken heb je een loeppotje nodig.
Er zijn er een paar die op het water lopen, rennen of springen. Sommige zijn heel klein, maar de schaatsenrijder en de vijverloper zijn redelijk vlot te onderscheiden. Het schrijvertje, dat drukke kronkels op het water maakt en de moeiteloos over het water schietende oeverspin, lukken ook nog wel. Maar de grote waterspringstaart wordt een stuk moeilijker, want die is nog geen millimeter groot. Meestal zijn er meer exemplaren bij elkaar en dat scheelt wel wat.
Ook onder het wateroppervlak leven allerlei dieren, zoals amfibieën (bijvoorbeeld salamanders) en vissen. Eenoogkreeftjes en watervlooien zijn weliswaar klein maar komen weer in grote zwermen voor. Schelpdieren en slakken zijn eenvoudig te herkennen, hoewel ook daar hele kleintjes bij zitten. Sommige slakjes zijn nog platter dan een dubbeltje.
Een van de grootste mossels, die je nog wel eens aan kunt treffen langs een vaart of sloot waar net is gebaggerd, is de zwanenmossel. Hij kan ruim vijftien centimeter groot worden en is heel belangrijk voor de bittervoorn, een prachtig visje dat zijn eitjes legt binnen in de

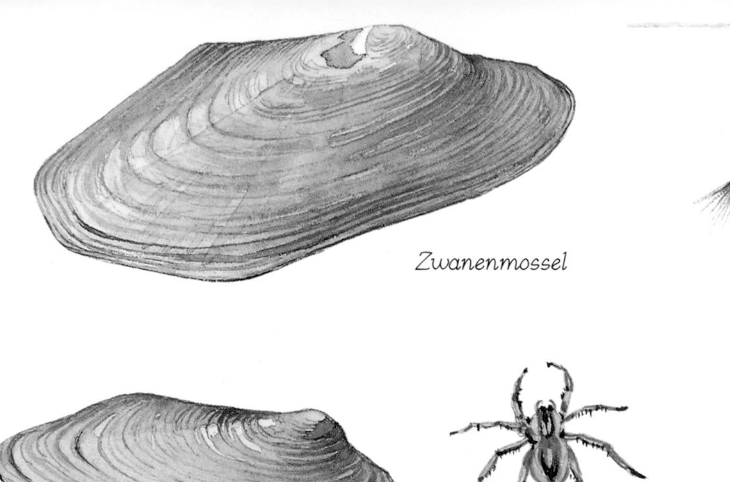

Zwanenmossel

Larve van steekmug

Schildersmossel

Oeverspin

Watervlo

Posthoornslak

Diepslak

Schaatsenrijder

Bittervoorn

Poelslak

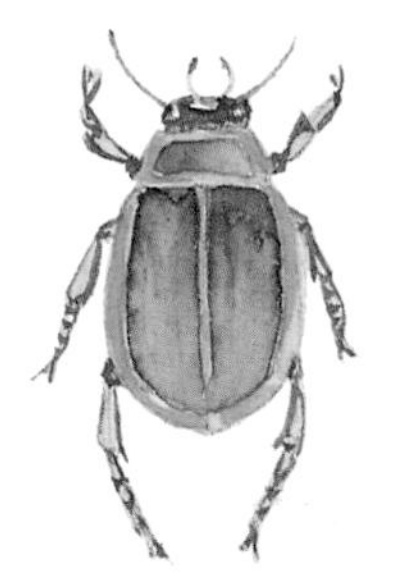

Geelgerande watertor

Larven van de kokerjuffer

Vijverloper

schaal: geen vijand die ze daar kan stelen. Een groep dieren met poten, zoals kokerjuffers en waterroofkevers, is goed vertegenwoordigd, en ook larven van muggen en vliegen, die aan het wateroppervlak hangen om adem te kunnen halen. Kleine visjes zijn moeilijk als soort te herkennen; meestal zijn ze meer kop en oog dan vis. Eén druppel gezond water krioelt van dierlijk leven. Er is een elektronenmicroscoop nodig om alles te kunnen zien!

Wintervogels vanaf de dijk

Vanaf hoge dijken zijn veel vogels vaak goed te zien. Als in het najaar de temperatuur daalt, komen de ganzen. Tijdens de winter proberen zij met honderdduizenden tegelijk voedsel te vinden in rivierenland. Ganzen kunnen oud worden. Hun lievelingsplekken zijn vaak al generaties lang in de familie bekend. Door het jachtverbod op ganzen zijn de vogels geleidelijk minder schuw geworden. Vooral de grauwe gans broedt steeds algemener in Nederland.
Op het eerste gezicht lijken ganzen erg veel op elkaar, maar als je weet waar je op moet letten zijn ze best uit elkaar te houden. De grauwe gans is de grootste. Zijn geluid lijkt sterk op dat van een tamme gans, die familie van hem is. Volwassen kolganzen hebben een witte neusring en zwarte plekken op borst en buik. Rietganzen herken je aan hun donkere nekken en oranje poten, terwijl grauwe gan-

zen roze of oranje poten hebben. Brandganzen zijn prachtig zwart en blauwgrijs, met witte wangen. Vrijwel alleen op de Wadden en langs de zeegaten in het Deltagebied is de rotgans te zien, een zwartbruine gans met een witte kont en een smal, wit kinbandje.
De ganzen hebben allemaal een eigen karakteristieke roep, waardoor je ze kunt onderscheiden als het donker is. Want ganzen trekken vaak bij nacht en ontij over het land.
De winter is ook een geschikte tijd om eenden te observeren. Met wat geluk zijn er meer dan twaalf verschillende soorten te vinden. Vooral de mannetjes tonen zich van laat in het najaar tot vroeg in het voorjaar op hun mooist.
Zaagbekken zijn visetende eenden die hun prooi verrassen door een duik onder water. De snavels van de grote zaagbek en het nonnetje zijn voorzien van zaagtanden; die dienen om de glibberige vis vast te houden.
Tot de duikeenden behoren verder nog: de zwart-witte kuifeend, de bruinkoppige tafeleend, de krooneend en de brilduiker.
Grondeleenden vormen de grootste groep. Zij grazen op het land of op hun kop staand onder water. Pijlstaart, slobeend, wilde eend, krakeend en wintertaling zijn goed herkenbaar. De smient verschijnt soms in grote groepen in de wei, maar overnacht op het water.
De mooiste watervogels zijn de zwanen. In Nederland komen drie soorten voor, met de

Rietgans

Rotgans

Kolgans

Grote zaagbe

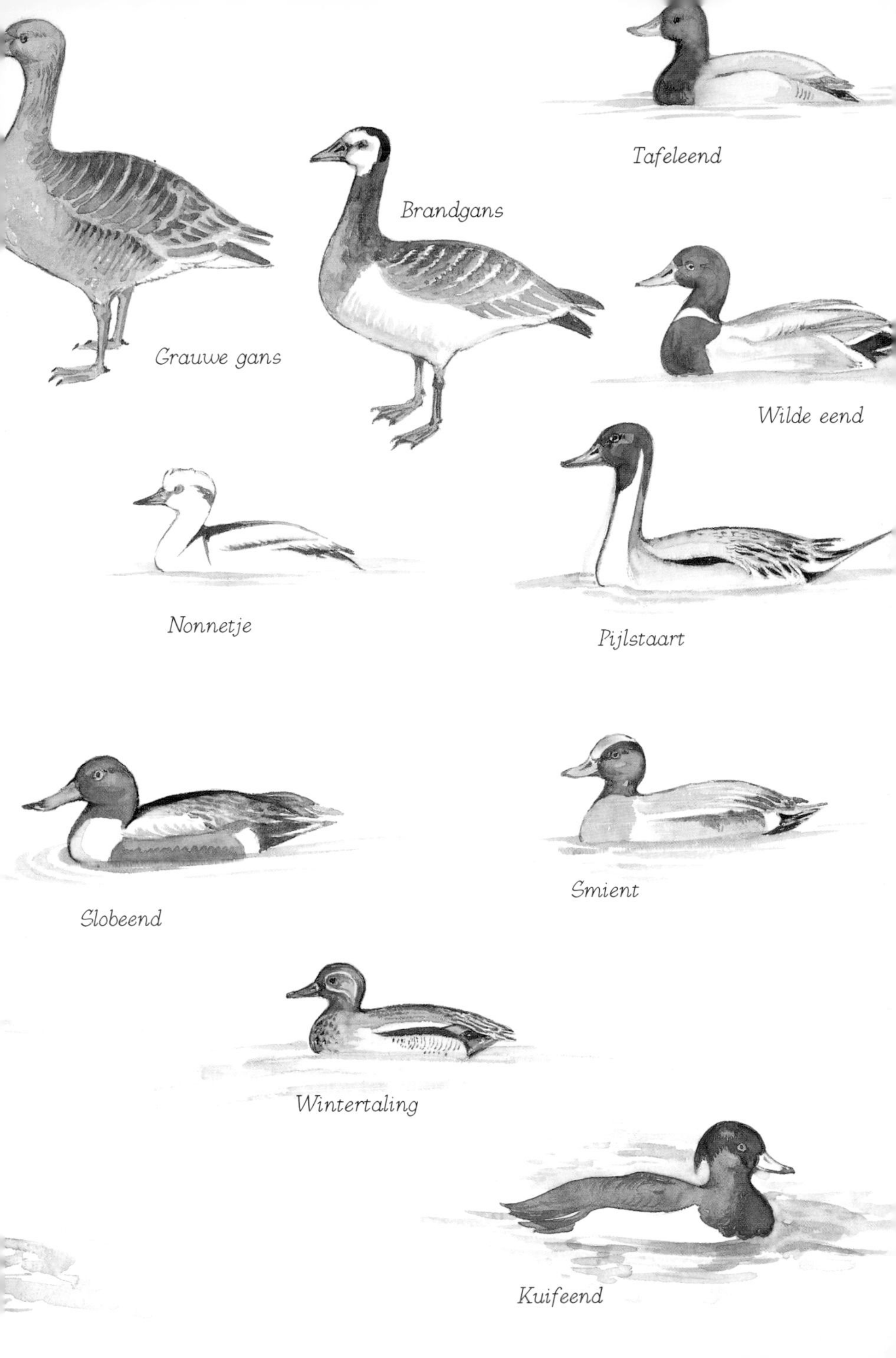
Tafeleend
Brandgans
Grauwe gans
Wilde eend
Nonnetje
Pijlstaart
Slobeend
Smient
Wintertaling
Kuifeend

knobbelzwaan als bekendste. Mannetjes hebben een grote knobbel op de snavel, die wijfjes vrijwel missen. De wilde zwaan heeft een zwarte snavel met een gele vlek. De kleine zwaan heeft ook een gele vlek op z'n snavel, maar hij is een stuk bescheidener van afmetingen. Deze twee soorten maken af en toe een hoop herrie, terwijl de knobbelzwaan bijna geen geluid geeft.

Blauwe reiger

Zomervogels

In de zomer is het moeilijker om vogels te kijken. Het is allemaal veel groener, de bomen staan vol in het blad en de rivier is meestal teruggedrongen in de zomerbedding,

Knobbelzwaan

Meerkoet

Rietgors

waardoor hij verder van de dijk af stroomt. Vogels kijken kost nu meer tijd, maar je kunt andere soorten zien. Bruine zangers, zoals rietgors, karekiet, bosrietzanger en rietzanger, laten zich meer zien dan horen. De blauwborst is ook zo'n soort. Als je geduld hebt zul je hem in beeld krijgen, zittend in een struik of op een rietstengel. De roerdomp kun je soms wel horen maar je krijgt hem bijna nooit te zien. Lepelaar, ooievaar en blauwe en purperreiger zijn tamelijk groot. Zij vallen vooral op tijdens de vlucht, net als de bruine kiekendief, die op heel wat plaatsen in het rietland huist. De kwartelkoning, een zeldzaamheid uit de familie van de rallen,

Visdiefjes

komt op sommige plaatsen veel voor. De hele nacht zingt hij zijn eentonige knarslied. Zwarte sterns, sierlijke kleine meeuwachtigen, zijn vissend boven plassen en meren te zien, vaak in gezelschap van visdiefjes en zwartkoppige kapmeeuwen. De rivierbossen hebben vaak interessante extra's in de aanbieding, zoals spotvogels of wielewalen.

Eendenkooien

De rijkdom aan plassen en rivieren in ons land zorgde voor veel waterwild. In speciaal aangelegde eendenkooien verdienden kooikers hun brood met het vangen van eenden.
Een eendenkooi werd meestal aangelegd in een vlakke omgeving. Het centrum bestond uit een waterplas met bomen eromheen. De bomen hadden in het kale landschap een

sterke aantrekkingskracht op vogels.
Met 'staleenden', tamme eenden die het hele jaar op de plas bleven, en voer werden overtrekkende eenden gelokt. Wanneer de eenden naar het begin van de 'vangpijpen', met gaas overdekte slootjes, zwommen werden ze door kooikerhondjes naar het eind van de vangpijp gelokt. Daar konden de vogels niet meer terug en belandden in een hokje. Daar werden ze gedood en gingen naar de poelier. Zo is de uitdrukking 'de pijp uit gaan' ontstaan.
Op het terrein van de kooi golden strenge regels. Er werden bijvoorbeeld nooit vreemden toegelaten, die de rust konden verstoren. Anders werd er natuurlijk niets gevangen.
Eendenkooien worden nu alleen nog gebruikt om eenden te vangen en te ringen voor onderzoek.

Gravers, knagers en profiteurs

Wie veel op het water komt maakt kans een muskusrat te ontmoeten. In Europa werd dit dier gefokt om zijn fraaie pels. Vijf exemplaren kregen in 1905 de vrijheid in Praag. Dat leidde bijna tot een ramp, want muskusratten hebben in Europa geen natuurlijke vijanden. Ze konden zich vrij snel over het hele continent verspreiden, zelfs tot in Engeland toe. Nederland heeft veel van de muskusratten te lijden, want ze verzwakken de dijken door gangen te graven vanaf de waterkant.

Bever

Op een veilig droog plekje boven de waterspiegel bouwen ze hun nest. Eten is in het water te vinden, of anders op het achterliggende land. Dicht bij het hol van de muskusrat zie je nogal wat schade aan gewassen.

Beroepsvangers proberen de stand zo laag mogelijk te houden.

Het grootste Nederlandse knaagdier, de bever, werd lang geleden uitgeroeid. En later volgde ook de otter.

Muskusrat

Inmiddels zijn er weer bevers uitgezet in de Biesbosch en de Gelderse Poort bij Arnhem. Toch zul je ze niet gauw in het wild te zien krijgen. In Natuurpark Lelystad en bij het bezoekerscentrum Hollandse Biesbosch (bij Dordrecht) is de kans op succes iets groter. Bruine ratten zul je vrijwel zeker in en bij het water tegenkomen. Ze kwamen lang geleden uit Azië en vonden hier prima leefomstandigheden. Mensen zijn vaak slordig met eetbare zaken en ratten profiteren daarvan.

Bruine rat

Waterlandschap door turfwinning

Veenturf gold eeuwenlang als de belangrijkste brandstof in Nederland. Bos was altijd al schaars en grote hoeveelheden brandhout over de weinige wegen naar steden brengen ging gewoon niet. Turf kon per boot worden vervoerd. De welvaart van de Gouden Eeuw is zeker ook aan de turf te danken.

In veengebieden zijn de rechte vaarten en kanalen die werden gebruikt voor de afvoer van de turf heel opvallend. Door het te ruim weggraven van het veen (turfsteken) ontstonden ook meren.

Het uitgegraven veen werd gedroogd en verwerkt tot rechthoekige turven. Gedroogde turf brandde prima.

Turfsteker

Verschil tussen hoog- en laagveen
Veen is niets anders dan dood plantenmateriaal. Dat verteert nauwelijks als het van de lucht wordt afgesneden. De dode planten stapelen zich op, en het veen groeit. Hoogveen ligt boven het grondwater. De veenvorming is dus niet afhankelijk van het grondwater. Hoogveen groeit minder dan één millimeter per jaar. Dat is de reden waarom het landschap zich eeuwen later nog nauwelijks heeft hersteld van het afgraven. Het zompige hoogveen is net een spons die zich heeft volgezogen met water. Onder zulke natte omstandigheden gedijen vooral veenmossen; bomen krijgen geen 'grond onder de voeten' en ontbreken meestal.
Veel hoogveen is er niet meer in Nederland. Dat komt door afgraving en ontwatering, want hoogveen dat droogstaat, verdwijnt. In de kop van Overijssel, op de grens van Friesland en Drenthe, in de Achterhoek en de Peel wordt er van alles aan gedaan om levend hoogveen te behouden. Voorwaarde is dat het water in het veengebied wordt vastgehouden, en niet weggepompt door bijvoorbeeld de landbouw.
Laagveen ontstaat onder water door het samenpersen van plantenresten. Afgestorven plantendelen zinken en verhogen de bodem totdat die boven het water uitkomt. Laagveen werd uitgebaggerd, gedroogd en tot turven geperst. Het weggraven en uitgebaggerde veen uit 'pet- of trekgaten' die soms wel dertig meter breed waren, werd gedroogd op de overge-

Tjasker

bleven stroken land, de 'legakkers'. Toen het veen schaarser werd maakte men de trekgaten groter en de legakkers smaller, tot ze zelfs totaal verdwenen. Storm op de steeds wijder wordende veenplassen deed steeds meer legakkers in de golven verdwijnen. Veel plassengebied en open water in Friesland, Overijssel, Drenthe, Utrecht en Noord- en Zuid-Holland is zo ontstaan.
De langgerekte vorm van veendorpen is heel kenmerkend. De uitbreidende veenplassen vormden lang een bedreiging voor de bewoners van zo'n gebied. De hebzucht van sommige mensen kostte later veel geld en energie om verdere groei van het plassengebied te voorkomen. Er moesten zelfs weer meren worden drooggelegd.

In de omgeving van Giethoorn, en hier en daar in Friesland, kom je de tjasker tegen, een eenvoudige kleine windmolen, die met de hand op de wind wordt gezet. Hij regelt in veengebieden en grasland de waterstand.

Dijken en polders

De afgelopen twintig eeuwen steeg de zeespiegel. Door bemaling en ontwatering is de Nederlandse bodem 'ingeklonken', gezakt dus. Dat zorgt al eeuwenlang voor problemen, de laatste tijd steeds vaker. Enkele natte winters op rij zorgden voor overstromingen. Rivieren traden buiten hun oevers en de gemalen in de polders konden het wateraanbod maar moeilijk aan.
Als je op een ringvaart om een polder vaart valt het op dat het water daar soms meters hoger is dan het land achter de dijk. Dan zie je duidelijk dat een polder een door dijken omringd gebied is met sloten en vaarten. Het water uit deze sloten wordt uitgemalen (weggepompt) op de ringvaart (boezem) om die polder en heet voortaan 'boezemwater'. Veel polders ontstonden door het droogmalen van plassen, meren of stukken van de zee.

Molens in soorten en maten

Nederland is het land van de molens, zeggen ze in het buitenland. Dat klopt maar gedeeltelijk, want voordat wij windmolens begonnen te bouwen stonden ze al rond de Middellandse Zee. Daar werden ze gebouwd op de

meest voorkomende windrichting.
In Nederland kan de wind behoorlijk veranderlijk zijn. Leeghwater, de man die zo'n belangrijke rol speelde bij veel droogmakerijen, vond een techniek uit om de kop van de molen, waaraan de wieken vastzitten, te draaien op de wind. Dat heet 'kruien'. Er zijn molens die aan de buitenkant op de wind worden gezet met een wiel - dat zijn 'buitenkruiers'. Bij andere zet men boven in de molen de kop op de wind - de 'binnenkruiers'.
In de stad of op stadsmuren werden molens gemetseld. Molens langs rivieren, aan ringvaarten en in polders hadden meestal tot taak de polders droog te malen. Als de klus was geklaard verhuisde zo'n molen naar een nieuw project. Dat kon heel goed, want hij was speciaal zo gemaakt dat hij snel uit el-

Buitenkruier

kaar gehaald kon worden en gemakkelijk weer opgebouwd. De molenromp bestond uit in elkaar passende houten balken, die werden vastgezet met houten pennen. Daarop kwam een rietmantel. Dat was goedkoop en warm. Het droogmalen van meren met molens was een echte Nederlandse uitvinding. Het principe was redelijk simpel. Om het meer werd een brede vaart gegraven. De grond vormde een dijk om het meer. Met schepraderen en vijzels werd het water uit het meer gemalen. De meeste molens konden het water één meter omhoog brengen. Afhankelijk van de diepte van het meer waren er dus meerdere, achter elkaar geplaatste molens nodig. Ten slotte stroomde het steeds verder opgevoerde water in de ringvaart om de polder.
Op de Zaanse Schans staan allerlei molens, die nog steeds worden gebruikt voor olie persen, papier en verf maken, hout zagen en het malen van meel.
Om niet langer afhankelijk te zijn van wind werden de molens vervangen door gemalen. Voor de aandrijving zorgden stoommachines. Aan het begin van de vorige eeuw namen dieselmotoren die taak over. Inmiddels zijn die veelal weer opgevolgd door milieuvriendelijke elektromotoren. Computertechniek maakt het mogelijk om gemalen automatisch en op afstand te bedienen. Computers controleren het waterpeil in de polders, schakelen zonodig de pompen in en slaan alarm bij storingen. Gelukkig zijn er toch nog enkele

mooie oude gemalen bewaard gebleven. Limburg, Gelderland en Overijssel tellen enkele bijzondere watermolens; die staan in beken. De molenstenen worden aangedreven door een scheprad, dat door het stromende water in de beek in beweging komt. Om zeker te zijn van voldoende water wordt vóór de watermolen het water 'gestuwd': omhoog gebracht door het tegen te houden. Die schepradmolens zijn vaak mooi hersteld. Ze zijn een aantrekkelijk wandeldoel omdat ze vaak in of bij natuurgebieden liggen.

Watermolen

Riet om te bouwen, bies om op te zitten, griendhout voor dijken

In watergebieden wordt vaak riet gebruikt als dakbedekking van boerderijen.

In veel gebieden is het telen van riet nog steeds een lonend bedrijf, waar al generaties lang een goede boterham mee wordt verdiend. Riet is stevig, duurzaam en licht. Het wil in bijna elke waterrijke omgeving groeien. De holle stengels isoleren goed. Een rieten dak of kap kan gedeeltelijk worden vervangen of gerepareerd. Hoe ouder het dakriet is hoe meer mossen erop groeien. Sommige daken zijn helemaal groen. Je ziet riet ook vaak op de rompen van molens. En verschillende vogels hebben de voordelen van rieten daken ontdekt: zij broeden erin of eronder!

Kleine karekiet

Bij het Zwartemeer, aan de monding van de IJssel, ligt Genemuiden. In dat dorp mocht vroeger niet gerookt worden, omdat er zoveel hooibergen stonden. Daarnaast was Genemuiden beroemd om zijn matten, die als vloerbedekking zeer gewild waren. Ze werden gemaakt van biezen, die prima groeiden in het ondiepe water in de buurt. Nu er wol en kunstgarens worden gebruikt voor vloertapijten is de Genemuidermat vrijwel verdwenen. Biezen worden nog wél gebruikt voor het matten van stoelzittingen.

Nederland heeft zich al vaak moeten beschermen tegen de zee. Vrijwel altijd grepen bezorgde mensen voor dat doel naar materiaal uit hun directe omgeving. Op een zeker moment ontdekte een onbekende slimmerik de bruikbaarheid van griend- of rijshout: lange, soepele takken van wilgen, die langs de rivieren groeiden. Om de paar jaar werden ze afgehakt, totdat er grote stobben overbleven, die regelmatig van hun lange takken werden ontdaan. Die takken werden gevlochten tot soepele matten 'zinkstukken' die onder water langs de dijkvoet werden gelegd. Door ze te verzwaren met stenen zonken ze.
Door de uitvinding van zwaar nylondoek, waarop stortsteen komt te liggen, verdween de betekenis van griendhout bij dijkenbouw of dijkverzwaring. Reparaties aan dijken werden ook met rijsmatten uitgevoerd, aangevuld met stenen en klei. Wallenkanten verstevi-

Bies

gen gebeurt nog steeds met het taaie griendhout, en je ziet het ook steeds meer verwerkt in tuinafzettingen. Uit de dunste takken maakten handige vlechters manden voor turf en fruit. Dikkere takken gingen naar de tuinders voor bonen- en erwtenteelt, of dienden als hooioppers of paalhout voor weiafzettingen. Griendwerk was heel zwaar; grienders waren soms wekenlang van huis om ergens in de waterige Hollandse wildernis een griend te kappen. Er zijn niet zoveel grienden meer die regelmatig worden gekapt. Een slecht onderhouden griend verandert na een tijd vanzelf in nat, ondoordringbaar oerbos.

Griend

Groentesoep

Sommige traag stromende of stilstaande wateren hebben in de zomer veel weg van groentesoep. De groene tot blauwgroene kleur van het water wordt veroorzaakt door te veel algen in het water. Uit resten van wasmiddelen en mest in het water komt fosfaat vrij. Het water is warmer. Algen hebben het in dat 'rijke' klimaat prima naar hun zin en vermenigvuldigen zich razendsnel. Zo komt er te veel voedsel in het water. De algen in het water gebruiken alle zuurstof die erin zit.

Ook andere waterplanten, zoals kroos, kunnen het op bepaalde plaatsen zo naar hun zijn hebben, dat ze een dikke laag op het water vormen en het afsluiten voor zuurstof. In zuurstofarm water kunnen vissen doodgaan. Of er ontstaat botulisme (snelle vermeerdering van een giftige bacterie), die verlamming en dood voor veel watervogels betekent.

Bultkroos

Wortelloos kroos

Klein kroos

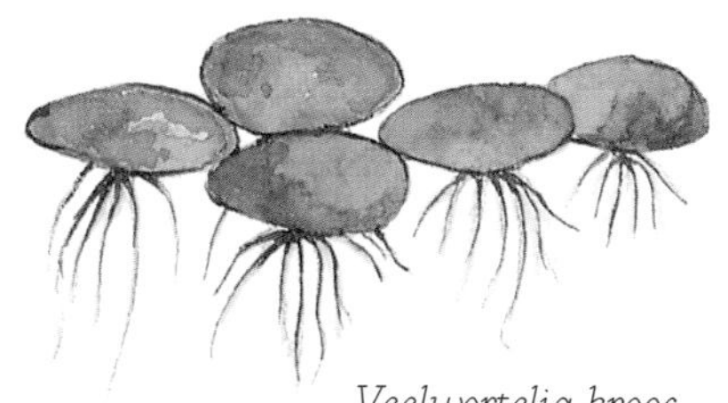

Veelwortelig kroos

Kringloop, een keten zonder begin of eind

Mensen, dieren en planten brengen het water na gebruik weer terug in de natuur. Normaal breken bacteriën de afvalstoffen die in het water zijn terechtgekomen weer af; dat heet het zelfreinigend vermogen van water. Algen en andere waterplanten leven van de afbraakprocessen; watervlooien eten algen; vissen eten watervlooien en mensen eten vis. De kringloop is zonder begin of eind.

Water blijft gezond zolang er tussen de verschillende fasen van de kringloop evenwicht is. Maar mensen doen nogal eens domme dingen. Ze gooien bijvoorbeeld te veel afval in het water, waardoor bacteriën niet meer in staat zijn het water op natuurlijke wijze schoon te maken. Dan moet de natuur geholpen worden om de kringloop snel te herstellen. Dat is puur eigenbelang, want zonder water kunnen we niet.

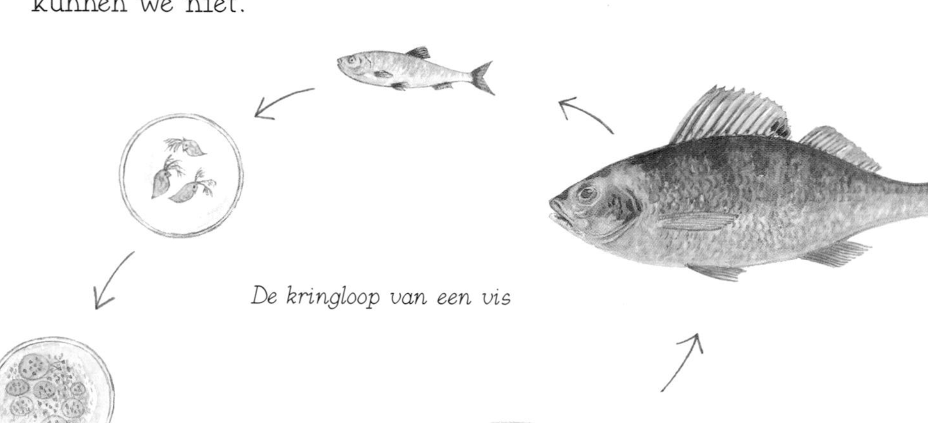

De kringloop van een vis

Waterschappen, Nederlands oudste samenwerkingsvorm

In de vroegste geschiedenis moesten de inwoners van drassig Nederland zich al tegen het water beschermen. Uit hun gedwongen samenwerking ontstonden de waterschappen, de oudste organisaties van Nederland. De waterschappen zijn verantwoordelijk voor de hoeveelheid en de kwaliteit van het water in vaarten, meren en sloten. Ze beheren daarvoor ondermeer de rioolwater-zuiveringinstallaties Aanleg en onderhoud van dijken en kaden en de afvoer van water behoren ook tot hun taak. Tegenwoordig is voor alle gebieden de ideale waterstand vastgelegd in een 'peilbesluit'. Wateren die voor de peilhandhaving belangrijk zijn, moeten goed worden gecontroleerd. Tijdens de jaarlijkse controle (de schouw) wordt gekeken of alles in orde is. Sloten en vaarten moeten zijn schoongemaakt, zodat overtollig water zonder problemen kan worden afgevoerd.
Vanaf de 16e eeuw werden veel meren drooggemaakt. Op die laaggelegen plaatsen wonen nu tienduizenden Nederlanders, die allemaal belang hebben bij droge voeten en schoon oppervlaktewater. Daarom zijn er duidelijke afspraken gemaakt over de bestrijding van wateroverlast. De regering maakt wetten voor waterbeheersing en tegen milieuvervuiling, laat controles uitvoeren en stelt hiervoor geld beschikbaar dat alle Nederlanders betaald hebben: de belasting.

Rijkswaterstaat zorgt voor de kustverdediging met stormvloedkeringen en zeesluizen, beheert de grote vaarwegen in Nederland en bewaakt waterstanden en de waterkwaliteit van het IJsselmeer en de grote rivieren en kanalen. Het onderhoud aan rijkswegen is ook bij Rijkswaterstaat ondergebracht.

Het schonen van een sloot

Drinkwater

Zorgen voor genoeg schoon en betrouwbaar drinkwater is de taak van drinkwaterbedrijven. Onder de Nederlandse bodem ligt, op gemiddeld één meter diepte, een enorm lang leidingnet dat het drinkwater bij de klanten bezorgt. Zo kan het water 's winters niet bevriezen en blijft het 's zomers heerlijk koel. Drinkwater werd lange tijd uit de Nederlandse bodem gehaald. Maar mensen en bedrijven hadden steeds meer water nodig: het grondwaterpeil daalde steeds verder. Nu moet er steeds meer water worden gehaald uit de grote rivieren en het IJsselmeer. Dat kun je niet zomaar drinken; eerst wordt het zorgvuldig gereinigd. In het westen van ons land wordt het als belangrijkste stap in de verwerking tot drinkwater, in de duinen geïnfiltreerd. Die waterleidingbedrijven hebben daardoor ook een taak op het gebied van natuurbeheer.

Vrachtvervoer over water

De eerste mensen bereikten Nederland door de rivieren te volgen. Ze gingen bij het water wonen en bouwden steden. Zolang rivieren nog ongehinderd hun weg naar zee zochten, konden die zelf hun loop veranderen; sommige riviersteden kwamen daardoor van het water af te liggen. Bronkhorst lag ooit aan de IJssel, een belangrijke verbindingsrivier tussen de Hanzesteden Kampen, Zwolle, Deventer, Zutphen en Doesburg.
Vrachtvervoer over water bestaat al lang.

Schepen konden op plaatsen komen waar geen wegen heen leidden. Omdat de diepte van de waterwegen vaak gering was werden meestal zeilschepen zonder kiel, zogenoemde platbodems gebruikt. Diverse landbouwproducten, turf, zand en klei, maar ook vee, werden per schip vervoerd. Beurtscheepvaart was een lijndienst. Op markten werden de door de beurtvaartschepen aangevoerde goederen meteen verhandeld. Stalmest ging over de Zuiderzee tussen Friesland en Holland tijdens

de zogeheten 'strontrace', een wedstrijd die tegenwoordig weer jaarlijks wordt gevaren. Ook het skûtsjesilen, een wedstrijd in de zomermaanden, waarbij het hard tegen hard gaat tussen Friese gemeenten, herinnert daar nog aan.
Met de komst van stoommachines en dieselmotoren verschenen de stalen schepen. En die werden steeds groter. Sommige rijnaken konden wel 2000 ton lading vervoeren! Er kwamen tankschepen en containerschepen. Op het binnenwater gingen containerboten varen met drie- en vierhoog gestapelde containers. Het merendeel komt uit de Rotterdamse haven en heeft Duitse, zelfs Zwitserse bestemmingen. Nederland neemt binnen de EG verreweg het grootste deel van het vervoer over water voor zijn rekening.

Water oversteken

Droogvoets de overkant van de verschillende rivieren halen was in Nederland lange tijd onmogelijk. Boomstammen waren niet lang genoeg om breder water te overbruggen. Al snel kwamen er vaste vaarverbingen die nu ponten worden genoemd. Ze varen nog steeds tussen de oevers van allerlei waterwegen. Zij zetten voetgangers, fietsers, personenauto's en zelfs vrachtwagens over. Schip- of vlotbruggen vormen een min of meer vaste verbinding, maar kunnen opzij varen als er een schip door het kanaal komt. Ophaalbruggen blijven waar ze zijn, maar hebben een middenstuk dat opengeklapt kan worden. Dat doet de brugwachter. Vaak zijn er afspraken gemaakt over de tijden waarop de brug open mag. In steden bijvoorbeeld werken ophaalbruggen nooit tijdens de spits. Anders zou het autoverkeer in een mum van tijd muurvast komen te zitten!

Het is dus wel zo praktisch om bruggen te maken die hoog genoeg zijn zodat de schepen eronderdoor kunnen varen. Bij brede waterwegen is dat goed mogelijk. Daar kwamen stalen bruggen met stalen liggers, die op stenen hoofden werden geplaatst. Deze bruggen kregen lange opritten, zoals de Van Brienenoord-bruggen in Rotterdam. Bij Ewijk en Zaltbommel verschenen mooie slanke hangbruggen van beton, die door stalen tuikabels zijn opgehangen aan hoge betonnen kolommen.

Je kunt natuurlijk ook tunnels onder het water doorgraven! Maar dat is tijdrovend en nogal kostbaar.

Het boren van tunnels is een nieuwe techniek die tijdwinst oplevert. Zo is de Chunnel, tussen Engeland en Frankrijk, gemaakt. Of dat in Nederland met zijn slappe bodem, ook een bruikbare techniek is, wordt nu uitgeprobeerd.

Op sommige plaatsen was het eenvoudiger om water over wegen heen te leiden met een aquaduct: een betonnen goot die in kanaal of vaart wordt gelegd. Wel vreemd om, al varend, auto's onder je door te zien rijden.

Ook dieren willen reizen

Niet alleen mensen maar ook planten en dieren moeten reizen om inteelt en uitsterven tegen te gaan. Soms leggen ze grote afstanden af, maar ook vaak kleine stukjes. Om dieren te helpen bij het oversteken van drukke wegen worden er voor hen speciale tunnels aangelegd. Egels, muizen, bunzings, en kikkers en padden reizen nu een stuk veiliger. Ook waterwegen en -gebieden worden met elkaar verbonden. Plannenmakers noemen die 'natte assen'. Waterdieren kunnen zich zo ook verplaatsen en vermengen zodat inteelt en het op den duur uitsterven van soorten wordt tegengegaan. Onderweg hebben ze plekken nodig waar ze kunnen eten en uitrusten. Steeds meer worden strakke basaltglooiingen en rechte kanaaloevers afgewisseld met drassige oevers vol bloeiende planten, waar insecten, vogels en zoogdieren opaf komen.

Egel

Landschap in de kijker

Er zijn momenten op en aan het water die je graag wilt vastleggen. Helaas valt het resultaat vaak tegen, doordat wat onze ogen zien niet hetzelfde is als wat de camera vastlegt. Een goede foto vraagt een beetje nadenken en iets meer tijd. Mooie wolkenluchten boven water komen beter tot uiting als je de horizon niet precies in het midden van het beeld laat vallen. Bekijk eens welke lijnen (horizon, elektriciteitsdraden, dijken, boomgroepen) er allemaal in het beeld vallen. Kun je die gebruiken om een compositie te maken, of om het beeld van uitgestrektheid te versterken? Midden op de dag is niet de beste tijd voor

het maken van foto's. Het licht is dan te schel, waardoor de foto's weinig contrast hebben. Beter zijn het begin van de morgen en de late middag. Een stukje voorgrond brengt diepte in de foto. Een takje of wat grassprieten, dicht bij de camera, zijn al voldoende. Bij laagstaande zon, tegenlicht of mist is het verstandig om twee of drie opnamen te maken en te variëren met de belichtingstijd of het diafragma. Misschien moet je voor die ene onvergetelijke opname de filmgevoeligheid in de automatische camera anders instellen. Door gebruik van een groothoeklens of een zoomlens 80-200 mm vallen landschapsfoto's ruimtelijker en weidser uit. En nog een laatste tip: vergeet niet om je zo nu en dan eens om te draaien en te kijken of er achter je niet een mooie foto te maken is.

Schaatsen

Het gebeurt niet elke winter dat er ijs ligt waarop je schaatsen kunt. Maar is het zover, en is het ijs betrouwbaar, ga dan eens terug naar een plek waar je in de zomer op het water was. Heb je daar toen foto's gemaakt? Maak die dan nu nog eens. Het is fantastisch om de beelden met elkaar te vergelijken. Het landschap is in verschillende seizoenen totaal anders.
IJsclubs komen bij temperaturen onder het vriespunt in actie. Ze organiseren vaak toertochten, waardoor je op een veilige manier op de mooiste plekjes van ons land kunt komen. Zo kun je dorpen en steden eens van de andere kant bekijken.
De schaatsenrijdersbond KNSB heeft een eigen internetsite (www.knsb.nl) waar actuele informatie over deze toertochten te vinden is.

Kanoën, landschap vanaf Amsterdams peil

Op veel plaatsen in de waterrijke streken van Nederland zijn kano's in verschillende uitvoeringen te huur. Heb je nog nooit in een kano gezeten? Geen probleem; de verhuurder vertelt graag wat met een kano mogelijk is en waaraan gedacht moet worden tijdens een tocht.
Is een meerdaagse tocht misschien iets voor jou? Vanuit een kano zie je Nederland op waterhoogte. Je kunt de uitgestrektheid van het plassenlandschap ondergaan en de rust over

je heen laten komen, helemaal in je eigen tempo. Een kano bereikt plekken waar zeil- of motorboten niet mogen komen. Hou wel rekening met wind en stroming, want een lang stuk terugpeddelen als je ze allebei tegen hebt, kan behoorlijk tegenvallen.

Als het weer wat minder is

Er zijn al heel wat mooie en interessante plaatsen genoemd. Maar ook bij minder goed weer kan er genoten worden van het waterland.

Op Schokland (Noordoostpolder) ligt het museum voor de IJsselmeerpolders, waar de geschiedenis van het vroegere eiland in de Zuiderzee wordt toegelicht aan de hand van bodemvondsten en bewoningsresten.

De Zaanse Schans te Zaandijk laat zien hoe onze voorouders op en langs de rivier in vroeger eeuwen woonden en werkten. Er staan houten huizen, winkels en molens.
Bij het stoomgemaal Cruquius uit 1849, in Vijfhuizen bij Haarlem, is de droogmakerij van de Haarlemmermeerpolder te zien, met werkende schaalmodellen. Het Zuiderzeemuseum in Enkhuizen geeft een beeld van de stadjes en dorpen rond het IJsselmeer. Er zijn werkplaatsen en reparatiewerven waar oude ambachten worden gekoesterd. Er liggen schepen en scheepsmodellen. Klederdrachten en stijlkamers zijn in verschillende woonhuizen te bewonderen.
In het Arnhems Openluchtmuseum is veel te vinden over het natte Nederland, ook al zou je het daar niet meteen verwachten.
De vele kleine stadjes langs de rivieren en het IJsselmeer worden weliswaar niet tot de musea gerekend, maar er is heel veel te zien van hun betrokkenheid met het water.